산 넘어 내게로 온
내 사랑 서연

샘문시선 **1063**
신춘문예 샘문학상 수상 기념시집
서현호 제3시집

조용히 내리는 봄비보다는
조금 더 크게 들리는
초겨울비에 맘이라도 담아봅니다

사랑하는 이 손 시리지 않게 해 달라고
내 사랑 손 시리면 해준 것도 없는
내가 더 미안합니다
〈봄비였으면 좋겠습니다, 일부 인용〉

사랑은 이렇게 시작 되었습니다

어딘가 가자 할 때
동행이 되고

우리 뭔가 하자 말할 때
공감이 되고

뭐 하냐 물어볼 때
답이 오며 시작되었습니다
〈시작, 일부 인용〉

난 가려고 하는데
넌 오지 말라 하고
난 거기까지만 가려고 하는데
너는 선을 넘지 말고 그 자리 있으라 합니다

어찌할까요?
그대는, 그대는 거기만 서 있자고 합니다
그대에게 가지 않는 법을 아직은 모르겠습니다
〈그대에게 가지 않는 법, 일부 인용〉

_____ 님께

_____ 년 _____ 월 _____ 일

_____ 드립니다.

도서출판

신춘문예 샘문학상 수상 기념시집

산 넘어 내게로 온 내 사랑 서연

서현호 제3시집

내 사랑하는 내 각시 김서연에게 드리는 선물
당신을 위한 詩

여는 글

여는 글

시집 한 권 내는 것이
소원일 때가 있었습니다.
그런데 이번이 세 번째 시집입니다.
어찌하다 보면 당신이 있어
글들이 채워지고 모여진 것 같습니다.
내 사랑 서연 고맙소!

내가 돈 버는 재주는 없어도
글 쓰는 재주는 있으니 참 다행입니다.
내가 돈 벌어 주는 것은 없어도
당신에게 시집 한 권은 선물
해 드릴 수 있으니 참 좋습니다.
아직도 내 사랑은 서연 당신입니다.

서연 당신 참 좋습니다,
힘들고 지쳐있을 때
당신 생일을 입으로 때우려고
시를 써서 주었는데
이제는 돈이 좋다고 말하는
당신이 참 좋습니다.

이제 시보다
돈이 좋다고 말하는 당신이
나는 지금도 앞으로도 좋습니다.
돈이란 것이 좀 많아져서
당신 얼굴에 미소가 가득 차면 좋겠습니다.

그래도 속마음은 시가 좋다고
당신 그 마음 나도 알아요.
아직도 당신 내 사랑 서연

                2025. 06. 12.
          사랑하는 바보 서현호 글쟁이가

샘문시선 1063

신춘문예 샘문학상 수상 기념시집

산 넘어 내게로 온 내 사랑 서연

서현호 제3시집

여는 글 / 5

제1부 : 인연 속에 인연

두 사람은 / 12
인연 / 13
인연 2 / 14
인연의 끝에서 / 15
스치지 않는 인연도 만나게 되어 있다면 너였음 좋겠네 / 17
인연 속에 인연 / 18
이랬으면 좋겠네 / 20
첫사랑 생각 / 21
동행 / 22
아침잠이 많은 당신 / 23
사랑 또 있습디까 / 24
있는 동안 / 26
알았어요 / 27
여자에서 아내는 / 28
내꺼는 있었다 / 30
내게 당신은 / 31
내꺼는 없다 / 32
너다 내 곁에는 / 33
하루를 바삐 쓰는 당신 / 34

제2부 : 사랑꽃은 피고 머문다

봄비였으면 좋겠습니다 / 36
표현 / 37
보고 싶은데 / 38
지금은 사랑하지 않겠습니다 / 39
어디를 가거든 / 40
사랑 / 42
깊은 사랑 / 43
마음 / 44
바보 / 45
그대 그리워지는 날 / 46
사랑꽃은 피고 머문다 / 48
오월이 갈 때까지 / 49
시작 / 51
감사합니다 / 52
사랑합니다 / 53
혼자 사랑은 아니었음을 / 54
지우기 위한 사랑 / 56
너를 너를 한순간만이라도 잊었으면 좋겠다 / 58
둘이서 / 59
얼굴 / 60
사랑은 / 61
사랑이라는 마음 / 62
진실 / 63
내 각시 / 64

제3부 : 그것이 행복인줄 알았습니다. 서연

내 사랑 서연 / 66
사랑은 하고 있다 / 67
산 넘어 내게로 온 내 사랑 서연 / 68
내가 뭐라고 / 70
내 사랑 꽃 서연 / 71
집사람이 집을 나갔다 / 72
너를 만나기 전 내 손은 빈손이었다, 도자기 작가 김서연 / 74
내 모습 서연 / 75
내 사랑 당신 / 76
손과 손의 연인 서연 / 77
그것이 행복인 줄 알았습니다 서연 / 78
힘들게 만든 서연에게 / 80
식당 한다고 2년 만에 함께 온 여행 서연 / 82
이제 알았습니다, 서연 / 84
내 눈에는 당신이 먼저 보입니다, 서연 / 86
늘 미안한 서연 / 88
보고 싶습니다, 서연 / 89
얼마나 힘들까 서연 / 90
내 맘속 약속 서연 / 91
알 수 있어요 / 92
우리 각시 서연 / 93
봄꽃 / 94
당신이 행복하면 좋겠습니다 / 95
행복 / 96

제4부 : 고물과 돈과 입춘과 하얀 눈

마음 / 98
고물과 돈과 입춘과 하얀 눈 / 99
그대에게 가지 않는 법 / 100
오늘은 돈 좀 벌자 / 102
지금 피는 꽃 / 103
잡고 있는 손 / 104
반팔 남방 몇 개 / 106
돈 좀 많아 봤으면 / 107
꿈을 꾼 어느 하루 / 108
빈 정류장 / 109
이거도 연습이 필요하나요? / 110
집에 오는 길 / 112
거짓말 / 114
이랬으면 좋겠네 / 115
보내고 싶은 맘 / 116
너다 내 곁에는 / 117
다 그러더라 / 118
사랑은 시작해도 안 해도 어렵다 / 119
인생 가을 / 120
멀어졌단다 / 121
쉰셋 해의 사랑은 / 123
내 나이 쉰셋의 가을은 / 125
떠나려는 사랑 / 126
차이 / 127
내가 인생길에 운전사다 / 128
나의 명품 / 129

제1부

인연 속에 인연

두 사람은

두 사람은 누구를
따라가는 것이 아니라
함께 가는 것이다

홀로 서기가 아니라
서로 기대어 사는
두 사람의 이야기를
이제 써 가는 것이다

흐르는 물이 평탄한 곳만 흐른다면
계곡이 이쁘지 않고

씻기 우고 오랜 세월
닦아야 멋이나고 아름다운 것이다

이제 함께 만들어 가는
인생길에 아름다움을 담아라

인연

만나고자 할 땐 만날 수 없고
그냥 스치고자 해도 스쳐지지 않은 것이
인연일 것이다

돌고 돌아온 곳이 그 자리 그곳
이라면 인연은 거기 있었을 것인데

우리는 그냥 스치고 지나고
알지 못했을 뿐이다

인연은 늘 내 곁에 있었다

인연 2

만나는 것도 인연이고
헤어짐도 인연이다
인연은 억지로 만들지 않아도
만날 인연은 만나게 되더라

우리가 한평생 가면서 많은
인연을 만나지만 다 잡지는 못하더라
잡았던 인연이라면 쉽게 버리지 말고
놓아야 될 인연이라면
잊지는 않는 것이 좋다

오늘만 보고 말 인연이라도
다시 올 수 없음에 귀하게 여겨라
오늘이라는 하루도 소중한 인연인 것이다

인연의 끝에서

어느 날 하루 그대를 보았습니다
아니 긴 인연 끝에서
보내는 인연 속에
내게 천사처럼 나타났지요

세상을 슬프게 하는 비와 함께
처음 보았습니다
하루 지나면 또 기다려지는
그런 사랑 같은 사람 말입니다

그 마음으로 며칠이 지난 후
당신에 목소리는 내 마음의
메아리를 울렸습니다

저쪽 서쪽 끝자락에서 내가 있는 동쪽 끝까지
맘은 거리보다 멀지 않았습니다
이제 이십사 시간 속에 더하기하며 가곤 합니다

하루는 짧았는데
지난 시간을 세어 보니
하루가 아직 내 나이보다 밑에 있네요

보이지 않는 곳간에 하나씩
채우는 하루가 멀리 오래도록
기억하며 이쁜 추억으로
쌓아 지기를 바라봅니다.

혼자가 아닌 인생 동행에서
홀로 가지 않는 동행으로
먼 시간을 가렵니다

스치지 않는 인연도 만나게 되어 있다면 너였음 좋겠네

그리워하는 날이 생겼다면 당신이었으면 좋겠습니다
사랑한다면 좋아한다면
좋은 인연을 만난다면
그것도 당신이기를 기도합니다

내 사랑의 눈은 언제까지 내게 있을까요
그 사랑의 눈은 언제부터 시작일까요
아마도 사람을 만나는 순간부터가 아닐까요

우연히 그런 사람을 만났습니다
잠시 보았는데 오래도록
내 기억 속을 헤집고 다니는 사람
사람을 좋아한다면 나이가 어디까지 일까요

그런 사람이 있습니다
눈감고 방황하는 내 생각 속에
들어온 사람 바로 당신입니다

인연 속에 인연

좋은 인연에 감사하고
함께 사는 인연을 소중히
생각하며 살고 싶습니다

놓고 싶어도 잡아지는 인연이 있고
잡으려 해도 보내야만 되는
인연도 있습니다

지금 내가 행복하면
좋은 인연입니다

손잡고 가고 싶어도
인생 길동무로 가고 싶어도
인연 속에 인연이 있어야
그 길을 함께 걸어갈 수 있습니다

스치는 것도 인연이요
만나는 것도 인연이요
떠나는 것마저도 인연입니다
꼭 붙잡고 가는 것 많이 인연은 아닙니다

함께 어디를 가야 인연이 되는 것이 아니라
함께 가고 있으면 그것이
인연 속에 인연인 것입니다

난 인연 속에 인연을 잡고
가고 있습니다

이랬으면 좋겠네

내게 사랑이 너라면
스치는 사랑이 아니었음 좋겠네

계절 속에 묻혀 지나는 사랑이라면
보내고 오는 계절처럼
맘만은 변치 않는 사랑이었으면 좋겠네

잠시 쉬어가는 추억은 그리운 것처럼
오래 머무는 추억이었음 좋겠네

또 하나의 사랑을 담는다면
이랬으면 좋겠네

첫사랑 생각

기차 타고 간다
목적지가 있지만
다른 생각도 함께 타고 간다

그래도 오랜만에 타본
기차 그것도 사라질 위기에
놓인 무궁화호 열차

참 좋다 모든 역을 다 서고 지나가니
먼먼 추억 속 내 첫사랑도 탈것 같은 기차

어느 역에 불쑥 탈지 모르니
눈을 감고 기다려 본다
난 첫사랑을 떠 올리며 그린다

눈만 뜨면 눈을 뜨면 내 앞에 그녀가 서 있을까!
아니면 첫눈에 나를 알아볼까!
눈을 떠야 되나
좀 더 감고 있어야 되나

난 그만 안내방송에 눈을 떠 버렸다
모두 먼 추억 속으로 다시 가 버렸다

동행

홀로 가는 길은
멀기만 하다

함께 가는 길은 즐겁고
행복하다

이것이 내가 가는 길이다
지금 가는 길이
동행입니다

아침잠이 많은 당신

밤새 끙끙대며 몸을 뒤척이더니
새벽녘 새곤새곤 잠을 잡니다

먼 창문 밖은 날이 샌지 오래고
살며시 옆자리를 나오려다
당신에 고운 숨결에
그만 포기하고 바라봅니다

참 나는 복 받은 놈인가 봅니다
그런 당신이 너무도 사랑스럽고
내 곁에 있어 감사하고 행복입니다

잠자는 당신 볼에 살며시 입맞춤하니
잠결에도 내 손을 잡아 줍니다
오늘은 좀 쉬게 해 줘야겠습니다

당신 내게 와줘서 감사합니다
늘 사랑하는 내 당신, 여보

사랑 또 있습디까

난 사랑을 이제는 않으리라고
맘 먹었습니다
두 번 다시 그런 거는 하지 않겠다
맘 먹었습니다

그런데 또 아니 자꾸만 찾아옵니다
왜 그럴까요
사랑하고 싶지 않은데 말입니다

정말 이제 모든 맘 접겠다 했는데
또 다가옵니다
내가 바람둥이라서 그럴까요?
아님, 내가 사랑을 더 찾고 싶어서일까요?

그것도 아님, 내 사랑이 모자라서일까요?
나 이제 어느 한 사람을 사랑하는 것은
더 하고 싶지 않습니다

왜냐구요
난 산과 들과 바람과 내 곁을 스치는
모든 인연만을 사랑하고 싶기 때문입니다
그것이 사랑인 것을
겹이 쌓일수록 알아가고 있기 때문입니다

멀리 볼 수 없고 멀리 가려하지 않고
내 곁을 보는 것이 내가 하는 사랑이기 때문입니다

그리고 또 사랑을 사랑하기 때문입니다
사랑 또 있습디다

있는 동안

갈라진 맘속에도 그대가 있습니다

그곳이 어디인지 몰라도
나는 친구가 있어 찾아갑니다

오늘은 내가 기다리지 않고
내가 먼저 손을 내밀어 봅니다

순간의 아름다움보다는
오래 할수록 멋과 향이 어우러진
우리만의 맛을 만들어 봅니다

시간이 저 멀리 가버리고
날 기다려 주지 않아도
그대 맘속에 살며시 들어가 보렵니다

이것도 사랑이라면
당신입니다

알았어요

내가 가을보다 더 아름다운 인생을
갈 수 있는 것은
바로 당신이 내 곁에 있기 때문입니다

나는 그저 당신을 바라만 보고 있어도
꿈이라면 깨지 않았음 합니다

내 옆에 가을이 손짓을 해도
가을은 보지 못하고 당신만 보입니다

알았어요
당신은 가을보다
아름다운 내 사랑입니다

여자에서 아내는

집사람도 바쁜데,
집에 오면 뭐 해 주기를 기다리고 바란다
집사람도 바쁜데

내가 집에서 나갈 때면
이것 줘 저것 줘 챙겨 주기를 바란다
여자도 바쁜데,

뭐 해 놓았어?
아직 안 했어? 뭐해?
그런 거도 안 해 놓고
뭐 했어?
아이고 참 그런다

나만 바쁜가 보다
나보다 집사람은 더 바쁘더구먼

아가씨 때 그렇게 졸라 대고
꼬시려 별 별것 다 해 놓고
이제는 챙겨 주고
뒷바라지, 해 주는 집사람이 되어 버렸다

나만 보라고 해 놓고
내 뒤치다꺼리만 하란다
여자도 바쁘고
아내도 바쁘고
집사람도 바쁘더구먼

아껴야 오래가고
챙겨줘야 오래간다
그게 나이 들수록
아름다운 사랑이더라

나이 먹어 가거든
이제 그만 부려 먹어야 되더라

내꺼는 있었다

내가 내꺼를 몰랐을뿐
세상에 내꺼는 내게 있었다

눈을 뜨고 맘을 가졌어도
내가 보지 못하고 느끼지 못한 바보였다

내꺼는 거기 있었다
수많은 인연 속에 내꺼는 있었다

지금 난 내꺼를 찾아 행복을
알고 사랑을 느끼며 가고 있다

내꺼는 내게 있었다
난 내꺼를 찾았다

내게 당신은

시간보다 당신이 좋습니다
내 욕심일까요?

당신을 내 가슴속 주머니에
넣어 다니고 싶어집니다

잡고 가는 것이 아니라
나와 함께 시작하고 꿈속으로 갈 때까지
당신 손잡고 당신 품에서
잠들고 싶습니다

당신 입술에 입 맞추고
아침이면 당신 볼에 살짝이 뽀뽀하며
시작하고 싶습니다

나와 함께 해 주시겠습니까?
사랑합니다
당신을 사랑합니다
내가 당신을 사랑합니다

내꺼는 없다

나만의 것으로 내꺼 인줄 알지만
내꺼는 내 것이 될 수 없다

왜 나면 맘만 내 것인 것이기 때문이다
착각하지 마라
내꺼가 내 것은 아니다

내가 가지려는 것은 욕심이다
내 꺼든 니 꺼든 맘만 가져라

욕심이 커지면 상처가 깊고
맘을 비우면 상처가 깊지 않다
세상에 내꺼는 없다

너다 내 곁에는

내가 얻은 것은 너고
내가 찾은 것도 너다

내가 행복한 것도 그대가 있어
내가 행복하다

짧은 시간보다
많은 것을 얻고 행복을 채웠다

내 곁에 있어줘서 감사하고
함께할 길동무가 되어 줘서 고맙다

이길 끝날 때까지 손잡고 가세
그대 고마워

하루를 바삐 쓰는 당신

어느 날 꽃봉오리 빵모자에
삐쭉이 비집고 나온 미소는
뒤에 묶은 머리카락 꽁지처럼
당신을 따라 다닙니다

밤이 되면 모자를 벗고
곤히 잠든 당신은 하루가 고달팠는지
잠에 취해 기척은 아니하고
끙끙대며 내뱉고 나오는
소리에 맘이 쓰입니다

아침이 매일 오듯
당신을 다른 날처럼 사랑합니다
즐거움도 행복도 함께 하는
오늘이 좋습니다

제 2 부

사랑꽃은 피고 머문다

봄비였으면 좋겠습니다

봄을 닮은 초겨울 비가 밤사이 내렸네요
추운 겨울은 아직이지만
봄비였으면 좋겠습니다

내 곁에 있는 내 사랑하는
사람이 손 시리지 않게
봄이었으면 좋겠습니다

고랑 물소리마저도
봄이었음 싶습니다

마음은 건너뛰고 싶은데
오가는 길목은 그러지 못하겠지요

조용히 내리는 봄비보다는
조금 더 크게 들리는
초겨울비에 맘이라도 담아봅니다

사랑하는 이 손 시리지 않게 해 달라고
내 사랑 손 시리면 해준 것도 없는
내가 더 미안합니다

표현

난 사랑하는 사람에게
사랑해 하고 표현을 하며
살고 싶기도 하다

그 말은 듣는 본인은
싫어할 것 같아 못하고

가치가 떨어질까 봐 못하고
오늘도 하고 싶지만 못했다

보고 싶은데

첫사랑 같은 사랑이
지금도 내 겐 있습니다

지나간 가을은 봄꽃처럼 화사했고
기다리던 봄은 지나고 있습니다

보고파 하던 날이
지금은 보이지 않습니다

당신 보고 싶은데
당신 아직 거기 있나요?

지금은 사랑하지 않겠습니다
- 나이 들면 지금보다 더 사랑하기 위하여

지금은 나 당신 사랑하지 않겠습니다
지금과 같은 세월이 지나
몇 구비 인생길을 돌고 돌아
내 나이 팔십이 되는 날
나 당신을 사랑하겠습니다

바람 부는 어느 날 작게 쌓아둔
추억마저 날아갈까 봐 마음 조이던
그런 날을 잡으려 했지만
지금은 나, 당신을 사랑하지 않겠습니다

초여름의 날씨가 낮보다 차가운 밤은
당신이 떠날까 아쉬움 때문입니다

내가 저무는 해일 때
당신을 사랑할 때는 내 마음
당신이 받아 주면 좋겠습니다

내 나이 팔십을 향한 무한 항해
보다는 알찬 시간을 쪼개어
나누어 쓰며 가겠습니다
나 당신을 지금은 사랑하지 않겠습니다

어디를 가거든

좋은 날도 바람 부는 날도
당신 어디를 가거든

내가 사랑하는 당신이 어디를 간다면
그곳의 이쁜 풍경 하나 담아주었으면 좋겠습니다

님은 그곳에 가지만
난 님의 마음과 함께 합니다
혼자서 다 보지, 못하거든
내게도 사진 한 장 보내 주소

늘 기다리는 건 아니어도
소중한 추억처럼 잡고 싶은
내 마음을 알아주소

우리가 살아가면서 달이 뜨고
해가 뜨는 그런 날만 있는 건 아니지 않겠소

오늘은 비가 지나가서 그런지
참으로 후덥지근 합니다
당신 생각으로 가득 차 있는 나를 식히려
밤공기 쐬러 저수지 나가 봤더니

별도 달도 모두 구름 속으로 숨어 버리고
온갖 날짐승만 나를 괴롭히는구려

이런 날은 멀리서 보낸 편지처럼
당신의 마음이 담긴 예쁜
사진 하나 있었으면 좋겠습니다

그렇게 시간이 흐른 다음
다시 그곳이 어디든 간다면
함께 손 맞잡고 사진 하나 찍고 싶구려

오늘이 아니어도 좋고
내일이 아니어도 좋고
당신 어디를 가거든
사진 한 장 찍어 보내 주소

모든 날이 그리운 날
당신과 함께 가리다

사랑

지나는 바람이
잠시 머무는 것이 사랑일까요

아니면 흔적일까요
글쎄요
그것도 사랑 아닐까요

깊은 사랑

저무는 하루는 오늘이었고
저무는 한 달도 오늘이었는데

깊어 가는 계절 속에
나는 사랑 한 번, 못한 나날이 더 많다

그대로 두고 따라간 시간은
한 해를 접으려 하네

이대로 떠나보내는 하루를 보듬어
내 마음속 깊이 간직하는
깊은 사랑 하고 싶다

바람은 지는 낙엽을 붙잡지 않으려
애써 불어주고
바람에 몸을 맡긴 낙엽은 바람 따라 춤을 추네

비 오고 바람 불며 가버린
오늘 속에 깊은 사랑 하나 붙잡고 싶다

마음

사랑하는 사람일수록
함께 살지 말라고 하더라

그래야 사랑이 변치 않고
머무른다더라

마음은 그렇지 않다더라

바보

바보들의 사랑

정말 바보인가?

그건 아니겠지

그대 그리워지는 날

새벽 공기를 마셔도
그대와 함께 마시고 싶어지고
하루를 시작해도
그대와 함께 시작하였으면 합니다

가까운 곳이라도 먼 곳이라도
가깝다 멀다 말하지 않고
그저 생각나는 그런 사람이었음 좋겠습니다

밤공기는 어느 날은 차갑고
또 어느 날은 포근하기도 하고
그리고 또 매우 춥기도 합니다

그런 모든, 날들마저도
그대와 함께하였으면 합니다
오늘이 어제처럼 오듯이 말입니다

눈 내리는 날도 봄을 재촉하는
봄비가 내리는 날도
바람이 불고 지축을 흔드는
울림이 있는 날도
그저 함께하고 싶습니다

남들은 이것을 사랑이라 말하지만
나는 그대를 향한
그리움이라 말하렵니다

사랑꽃은 피고 머문다

손에 든 아이스크림도
녹아야 단맛이 나고
겨우내 얼었던 냇물도
녹아야 봄이 온다

내 마음에도 꽃이 피어야
사랑이 샘솟고
수많은 날이 우리에게 있어도
주어진 시간은 오늘뿐이더라

사람과 사람 사이에 사랑이 있어야
사랑은 꽃과 싹을 틔우고 잎이 나온다
사랑을 하면 사랑이 온다
영원히 가슴에 담아 키우는
사랑꽃은 피고 머문다

오월이 갈 때까지

일 이월의 눈을 밟고 눈길을 걸어왔습니다
추웠지만 마음은 따뜻했습니다

삼월의 꽃을 보고 내 마음에도
삼월과 함께 꽃이 피었습니다
이 마음은 온 세상이 꽃처럼 보이는
나의 눈을 멀게 하였습니다

사월을 꽃과 함께 맞이하고
꽃처럼 보내고 이쁘게 만들어
잡은 두 손은
오월도 그대로 놓지 않았습니다

오월 행복한 녹음으로 온 세상이 물들 때
우리 나이는 짙푸른 청춘이었습니다

내가 내민 손이 부끄럽지 않게
당신은 잡아주고 내게 기대어
너의 곁에 내가 있다고 알려주었습니다

그것이 행복한 사랑입니다
지금 가는 이 길에 이보다
더 아름다운 동행이 있을까요

온 세상 어둠이 내려도
낮에 본 당신 얼굴은 더 환하게
그리고 선명하게 그려집니다

그 미소에 밤을 따라
새날이 오기를 기다리며
나는 가고 있습니다

시작

사랑은 이렇게 시작 되었습니다

어딘가 가자 할 때
동행이 되고

우리 뭔가 하자 말할 때
공감이 되고

뭐 하나 물어볼 때
답이 오며 시작 되었습니다

감사합니다

난 사랑만 할 줄 알았는데

나를 사랑해 주는
사람을 만났습니다

참 좋습니다
그리고 감사합니다

사랑합니다

사랑하는데
사랑하지 않을 자신이 없다

안 볼 자신도 없다
어찌해야 되는가

그냥 사랑하자
네가 좋으니까
너를 사랑하고 있으니까

혼자 사랑은 아니었음을

내가 당신을 아무리 사랑해도
안 되는 것이 있습니다
그것이 사랑입니다

내가 아무리 사랑하는
당신이어도 당신이 나를 사랑하지 않는다면
그것은 완전한 사랑이 아닙니다
나만의 사랑이기 때문입니다

그런데 말입니다
나는 당신께 사랑을 구걸하거나
애원하고 싶지는 않습니다
그것은 내가 바라는 사랑이 아니기 때문입니다

언젠가는 허공처럼 사라지는
그런 날이 올 것입니다
반쪽 사랑은 그래서 반쪽입니다

내가 사랑하는 사람에 마음을
얻지 못하면 함께 살아도
육체만 내게 와있을 뿐입니다

바보가 아니라면 포기할 줄도 알아야
새로운 사람을 만나 사랑을 할 수 있습니다

사랑은 마음으로 하는 것이지
몸으로 하는 것이 아니기 때문입니다

지우기 위한 사랑

내가 너를 안 보면 사랑이 지는 줄 알았다
한 시간이 가고 하루가 가고
한 달을 넘기고 수 날이 지나가고 있지만
너는 잊기보다는
더 그립고 그리움이 사무친다

어느 날은 함께 걸었던 길이
생각나 그 길을 가보지만
너는 없고 추억뿐이더라
이런 내가 참 밉기도 하고
네가 원망스럽기도 하더라

사랑하며 손잡고 가던 길
나 혼자 가려니 너무 힘이 든다
눈을 뜨면 너를 잇고자 하지만
내 눈앞에 아른거리는 것은 너만 보인다

오늘은 안갯속으로 들어가 걷는다
세상이 보이지 않고
내 한 치 앞도 보이지 않는데 너를 찾는다

안개 걷히면 네가 손 흔들며 오라 할 것 같은데
내 눈이 멀고 헛것이 보이나 보다
아마 너에 대한 내 마음은
내 생이 끝날 때까지 변치 않을 것 같다

너를 너를 한순간만이라도
잊었으면 좋겠다

생각을 지우고 싶은데
아니 마음을 비우고 싶은데
잠시 잠깐도 안 지워지니
어찌하면 좋단 말인가

안 지워지니 지울 수가 없단 말이다
생각은 더 생각을 만들고
그리움은 더 애타게 만든다

보고 싶어도 그리워도
미치도록 애달파도
내 발을 여기 묶어야 되는
내 맘을 너는 알까

앞을 봐도 한숨이요
뒤를 봐도 한숨이다
사랑한다, 사랑한다
너를 사랑 한단 말이다

사계절이 아니라
봄부터 또 봄까지
생이 나를 버리는 날까지
사랑하고 싶다

둘이서

둘이 사귀다
함께 살고자 할 때는
너무나 좋아서 일거다
그런데 둘이 살다 보면
둘이 못살아서 안달일 때는
흔적도 없이 보이지 않는다

우리는 왜 함께 살려고
했는가를 가끔 떠올리며 사는 것이 좋다
싸우고 나면 너무나 보기 싫을 때도 있다

그럴 때는 우리가 왜 싸워야 되는가를 돌아보면
참 부질없음을 알게 된다
사랑은 보이지 않는데

이놈의 사랑은 있다가 없다가 하고
잡으려면 어디를 잡아야 될지
당초 잡을 수가 없다
이것이 사랑이다

얼굴

새삼 불을 끄고 잠을 자던
어둠 속에서는 각시 얼굴이 안 보이더니
이른 아침 눈을 떠 날이 밝자
피곤한 얼굴에 곤이 자고 있는
각시 얼굴이 보였다

오랜만에 잊고 있던
지난날 연애 시절 어여쁜 얼굴이 떠 올랐다
날 잘 만났다고 생각할까
얼굴을 만지니 내게로 와서 입맞춤을 한다

아직 이 사람도 나를 사랑 하나보다
다행이다!
마음이 더 내게로 온다

사랑은

사랑은 해 봤으니까
난 사랑해 봤으니까 알아
그것도 많이 사랑했으니까
잘 알아

그런데 사랑은 하면 할수록
더 아파 저 왜 그럴까
사랑을 해 봤는데도 참 힘든 것이
사랑인가 봐

다음에는 두 번 다시 사랑은 하지 않으려고 했어
그리고 애쓰고 참고 견디어 봤지
근데 말이야

사랑이 또 오더라 바보같이
난 또 사랑을 하면 힘들 거라는 거
알면서도 하고 싶어, 저 사랑말이야

사랑이라는 마음

갈 수 있는데 가지 못하는 것은
괴로운 일입니다
보고 싶은데 보지 못하는 것은
더 괴로운 일입니다

갈 수 있고 보고 싶을 때 볼 수
있는 것은 행복입니다
그냥 보내버린 시간은
갈 줄만 알았지 다시 올 줄은 모르고
우리에게 다음은 그리
너그럽지 않습니다

누군가 보고 싶은 사람이
있다는 것은 행복한 일입니다
내가 아직 하고 싶고 할 일이 많은 것도
행복입니다

그런 나에게 내 나이는 없습니다
더는 미루지 않고 가던 길을 가려합니다
그것이 내게 온 사랑이라는 마음이기 때문입니다

진실

아무리 덮어도 덮어지지
않는 것은 사랑했던 시간들이다

또 아무리 덮으려 해도
안 되는 것이 진실이다
진실로 사랑했던 것들이기에
진실은 덮어지지 않는다

내 각시

내 옆의 내 사람, 내 각시다
가끔은 의견이 안 맞을 때도 있지만
그래도 내 각시는
내 인생의 보석이다

나이가 하나둘 들어가지만
아내에게 해 주고 싶은 것들이
더 많아지는 것을 보면
난 아직도 당신을 사랑하고 있나 봅니다

이제 아구구 끙끙 앓는 소리가
떠나질 않고 있을 때가 많지만
나는 당신 옆에
당신은 내 옆에 기대어 갑시다

먼 훗날 같은 젊은 청춘과 추억은
어디로 갔을까요
그래도 앞을 볼 수 있고 당신 손
잡을 수 있어 행복합니다

내 각시는 내가 사랑합니다
내 옆지기 고맙습니다

제 3 부

그것이 행복인줄 알았습니다.

서연

내 사랑 서연

내 맘속 당신은
내게 온 꽃 중에 꽃입니다
내 사랑하는 당신 서연

보고 또 봐도 당신이 너무 좋습니다
시간이 가면 갈수록 자기가
더 사랑스럽고, 보기만 해도 행복해 집니다

내 사랑 서연아
오늘은 첫눈이 왔네
온 세상을 하얀 도화지처럼
이쁘게 뿌려 놓았네

여기에 내 사랑하는 당신을 그리며
오늘도 당신의 사랑으로 시작합니다

사랑해, 서연
내 사랑 서연
옆에 있어도 보고 싶은 서연

사랑은 하고 있다

사랑은 사춘기에
다 하고 지나갔는데
또 사랑이 오는 것은
아직 사랑이 남아서일까

사춘기가 또 오고 있나 보다
매일 피고 지는 꽃처럼
사랑도 늘 우리 곁에서
함께 가고 있다

산 넘어 내게로 온 내 사랑 서연

무엇이 그리 좋아서
그 좋은 것 다 버리고
나를 따라나섰던가

친구가 좋았을까
내가 친구여서 좋았을꼬
빈손에 아무것도 없고
가진 거는 빚만 가득이고
보잘 것도 없는 나를 당신은
무엇이 좋다고 오셨소

내게로 나 따라와서 긴 장화 신고
산으로 들로 바람 따라다니는
약초꾼 글쟁이 각시가 되었소

해노가 그리 좋았소
난 그저 내 곁에 있어준
당신이 늘 고맙고 감사하고 또
잘해주지도 못해 미안한 마음뿐이라오

참으로 진심으로 내 손잡고
나 따라와 줘서 고맙소
내 사랑 서연, 사랑합니다

내가 뭐라고

내가 뭐라고 이곳 쇠종꼬랑까지
날 따라서 오셨소

산골은 보는 거는 좋아도
직접 사는 거는 보기와 다른데
여기까지 와준 당신이
너무도 고맙고 감사 혀요

내가 뭐라고 여기 와서
산골에 바람맞으며 있는 것이요

난 줄 게 없어 늘 당신에게 빚지고 있소
내 맘과 행동이 다를 땐 나를
돌아보지만 그때뿐이니 더 맘이 그렇소

그래도 내가 할 수 있는 것은
당신 사랑하는 맘은
끝까지 가겠다는 것이라오
사랑하오, 당신 서연

내 사랑 꽃 서연

따스한 봄날 놓아두고
온 세상이 하얀 겨울에
엄마 품에서 세상에 하품을 하셨군요

당신은 봄을 맞이하러 오셨나 봅니다
늘 겨울이 가야 봄이 되듯
당신 가시는 길은 봄입니다

서연 당신은
봄꽃 인생 꽃,
어여쁜 내 사랑 꽃입니다

집사람이 집을 나갔다

내 사랑 서연아
내가 무얼 그리 잘 못했는지
오늘 아침에 집을 나갔다
아침 식사를 하면서
나 집 나가도 되냐고 묻더니 집을 나갔다

누구 연락이 오는 사람 있으면
잘 말해서 집에 들어가라고 말 좀 해다오
엊그제 만 해도 웃고 떠들고 즐겁게
잘 지내고 있었는데

지금 앞이 캄캄하다
내 사랑 서연아
내가 잘못한 것이 뭔지 몰라도
내가 무조건 잘 못했으니
집으로 돌아와 기다리고 있어
얼른 오시오

집사람은 도자기 한다고 매일
아침부터 저녁까지 집을 나갔습니다
오늘도 도자기 하러 집을 나갔습니다
밤이나 되어야 오겠지요, 서연

아침에 나 집 나가도 되냐고 묻더니 집을 나갔다
도예방 간다고 집 나갔다 ㅎㅎ

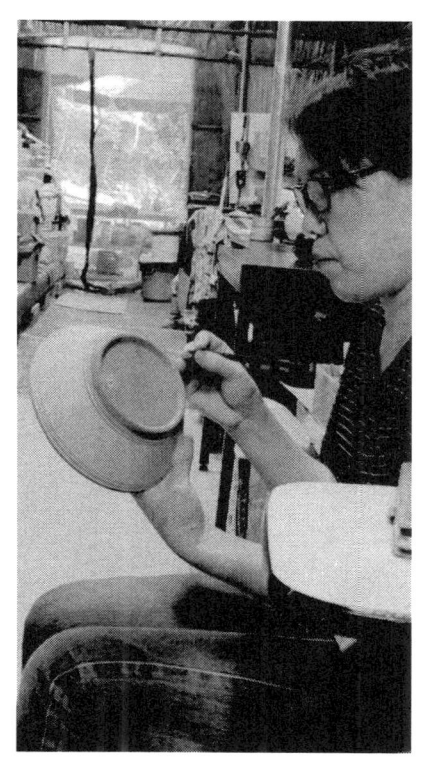

너를 만나기 전 내 손은 빈손이었다, 도자기 작가 김서연

내가 무엇을 가졌는가?
내 손은 무엇을 잡았는가?
흙에게 물으면 흙은 내게
예쁜 도자기로 답을 주었다

시골에 살면서 할 수 없는 일
내가 하고 싶어도 못 하는 거
그런데 나는 쉬지 않고
내 손은 무언가 하고 있었다

무엇인가 하고 있고 하다 보니
지금의 자리에 서게 되었다
매일 내가 숨을 쉬듯 내 손으로
빚은 도자기도 흙과 함께 춤을 춘다

내 손을 떠나, 가마 속에서
뜨거운 열꽃이 너를 만나
고운 색 고운 자태로
너와 마주하는 순간이 행복이었다
내 손끝에 예쁜 도자기가 나온다

내 모습 서연

일 년을 시작하고 하루를 시작해도
내 모습은 당신 속에 있습니다

하얀 겨울 눈 덮인 하루는 추워도
몇 날을 새다 보면 봄이듯
당신은 내 모습입니다

내가 당신 속에 있고
서연 당신은 내 맘속에 함께 합니다

내가 투덜대는 것도
내가 나를 보기에 흔들리지 않으려는
서툰 표현으로 봐주세요

당신을 좋아하고 사랑합니다
당신은 내 모습입니다

내 사랑 당신

당신 뽀쪽 구두에 곰팡이가 끼었구려
시골에 살았어도
산골은 몰랐던 당신

내가 누구라고 나를 따라와
이쁘게 폼나게 반짝반짝 빛나던
그 구두가

이곳 시골에 오니 곰팡이가
주인 행세를 하는구려
언제 먼지라도 털어 주리다
고맙소, 그리고 감사하오

손과 손의 연인 서연

서로의 손이 되는 우리는
손으로 세상을 만들어 갑니다
손과 손의 연인은 우리가
아니라 내 것과 네 것입니다

내 손은 글을 조각하고
내 여인의 손은 흙으로 조각을 합니다

양손이 머무르면 눈으로 보고
마음으로 느낄 수 있는
세상이 탄생합니다

서로 잡고 가지고 가지만
놓고 가는 일은 없습니다
아직 연인이기 때문입니다

그것이 행복인 줄 알았습니다 서연

당신 말 안 해도 힘든 거 알아요
내가 당신을 참 바쁘게 만들었구려

잔주름 펴지듯 당신의 손에 돈이란 걸
쥐어주고 싶어 일을 벌였는데

바쁜 건 당신뿐이구려
돈이 있으면 당신에게 잘해주는 남편일 것 같아
시작했는데

당신이 신은 신발이 바닥을 보이고
당신 신고 있는 양말이 공기구멍을 만드는 걸 보니
참 힘들겠다, 맘이 짠합니다

하루 눈을 뜨면 뜀박질보다
빠른 걸음으로
오늘도 당신 뛰는 뒷모습에 많이 맘이
아프고 미안합니다

나는 또 사랑합니다로 상처를 덮으려 하네요
무엇이 어떤 것이 우리의 삶일까요?

그저 옆에만 있어도 좋은데
돈에게 빼앗기니 말입니다
그래도 당신은 내 사랑이라 말하렵니다
고마워요

힘들게 만든 서연에게

집사람에게 돈이란 걸 쥐어주고 싶었다
지나온 시간 한 푼 없는 생활에
얼마나 찌들었을까!
생각만 해도 눈물이 납니다

가만히 생각하니 돈을 직접
벌어서 쓰라는 꼴이 되었습니다
이게 아닌데 돈을 내가 벌어
주는 것이 아니라, 직접 돈을 벌게하고 말았습니다
내가 잠시 딴생각을 했나 봅니다

집사람은 아니 내 아내는
집 지키는 강아지가 아닌데
그런 꼴이 되고 말았습니다

집사람은 힘들 때면 누가 돈 벌어달라고 했냐고
울먹입니다
그럴 때면 참 미안합니다

그때 나는 알았지요
돈은 벌어 쓰게 하는 것이 아니라
내가 돈을 벌어다 아내에게 줘야된다는 것을

돈은 내가 벌던가, 아니면 못 벌던가,
그것이 그리 중요한 것이 아니었습니다

그것은 없으면 없는 대로
또 모자라면 모자란 대로
그리 살면 되는 것이었습니다

그것이 지금 알게 된 당신을
사랑하는 방법입니다

식당 한다고 2년 만에 함께 온 여행 서연

어찌어찌하다 여행을 왔습니다
근 이년만인 것 같습니다
그렇다고 여행다운 여행을 다녀
본 것은 없지만 말입니다

어느 날 친구가 여행이라도 다녀오라고
여행지 미리 숙박 잡고 티켓 보내주어
그나마 그거라도 가보았지요
그때는 그럴 수밖에 없었습니다

여행 갈 돈이 없었으니까요
그걸 알고 있는 친구는
잠자고 아침 먹을 밥값까지 결재를 해주었지요
난 참 운이 좋은 놈인가 봅니다

그러다 식당을 이 년 정도 쉬지 않고 달렸지요
이제는 한가한 틈을 타 여행 가기로 맘먹고
집사람에게 가자 했더니 다음에 좀 더 여유
있을 때 가자 합니다

우리에게 다음이 그리 쉽지 않기에
우겨서 왔습니다
이번에도 오가는 경비만 내 몫이고
주위 지인과 친구가
잠잘 곳, 먹을 곳까지 마련해 주었습니다
너무, 고마운 지인이고 친구입니다

이번 여행은 출발부터 맘먹은 것이 있었습니다
그것은 내가 사랑하는 집사람

이제 알았습니다, 서연

집사람은 함께 산행을 가던지
여행을 가던지 꼭 한 번쯤은
넘어지곤 합니다

처음 연애 시절은 넘어지면
어디 다친 데 없냐고 온갖 걱정을 했습니다
함께 살면서 넘어지면 화부터 냅니다
또 넘어졌느냐고 앞 좀 똑바로 보고 가라고
나는 늘 그랬습니다

그런 내가 육십 고개 밑에서
오늘에야 알았습니다
넘어진다고 뭐라 할 때는
내 것이고 내 마누라이니까
걱정이 돼서 했지만, 그것이 아니었습니다

이제 알았습니다
내가 뭐라 할 것이 아니라
집사람이 넘어지지 않게 넘어질 것들을
만들지 말아야 된다는 것을 이제 알았습니다

참 바보처럼 살았습니다
여보 당신 나와 함께 갈 때
내가 당신 손 꼭 잡고 넘어지지 않고
우리 가는 길 잘 갈 수 있게 잡아주리다
참 많이 미안하구려

내 눈에는 당신이 먼저 보입니다, 서연

아침 눈 뜨면 제일 먼저 보이는 내 사랑 서연
곤히 자고있는 당신을 물끄러미 나는 봅니다
부스럭거리며 움직여도 모르고 자고있는 당신

하루 종일 종종 뛰어다닌 당신
발과 팔다리가 힘들어 쉬는 시간입니다
쉬는 시간마저도 힘들어
보이는 종아리에 미안합니다

잠시 바라보다 주물러 주고 싶은데
자고있는 당신 깨일까 봐
한참을 바라만 보다 돌아섭니다

그만 쉬게 하고 싶은데
그게 쉴 수가 없으니
자고있는 당신 보는 내내
내 맘은 아프고 쓰러 옵니다

그래도 요즘 시간 날 때면
짧은 시간이라도 여기저기
구경 다니는 시간이 참 좋습니다
당신 또 사랑하라면
무한 사랑을 하렵니다
내게 사랑은 당신뿐입니다

늘 미안한 서연

나는 할 일도 많고 하고 싶은 것도 많은 사람인데
내 욕심을 채우려다 보니
당신을 늘 힘들게만 합니다

한 번 겨울이 지나면 봄이겠거니 했는데
우리에 봄은 어디로 가던가요

이제 내가 고생 안 시키려 했는데
당신 몸이 여기저기 힘들다, 말합니다

봄이 오기를 이제 기다리지 않고
내가 당신에게 봄을 만들어
따뜻하고 새싹이 돋아나듯
당신에게 그런 봄을 만들어 주고 싶습니다

잠결에 들리는 당신 앓는 소리가
내 마음 깊숙이 파고들어 아리고 아프게 합니다

미안한 마음에 눈물이 고여 글썽이고
다시 삼키며 한없이 당신에게 미안합니다

이런 내가 아직 사랑한다고
해도 괜찮을까요?
난 당신을 사랑합니다, 서연

보고 싶습니다, 서연

보고 싶은 사람이 있습니다
늘 보고 싶지요
숨 쉬는 순간순간도 생각이
잦아들지 않는 당신을 보고 싶습니다

당신을 보고 싶음에 단잠을
설치곤 하는 날이 수 날입니다
그런 당신도 나처럼 보고 싶을 때 있나요
보고 싶습니다

오늘도 당신 생각하다
하루를 마무리 합니다
당신 옆에 머물고자 합니다
지금도 당신이 보고 싶습니다
당신은 내 옆에 있습니다

얼마나 힘들까 서연

아직도 나는 당신을 얼마나
더 고생을 시키려 하고 있을까요
내 나이가 모자라는지
더 나이를 먹어야 되는지
이제 고생 그만 시켜야 되는데
또 힘들게 하고 말았습니다

산다는 것이 무엇일까요
행복한 모습으로 행복한 눈으로
당신만 보고 싶은데
살아가는 일은 꼭 그렇지만은 않습니다

무엇이 더 많아야
당신만 내 눈에 다 넣을까요
늘 보고 살아도 하루 가는
시간도 아쉽고 모자란 데
당신을 다른 곳에 맡긴 듯한 내가 밉습니다

오늘이 지나고 내일 오면
다른 모습으로 당신 옆에
서 있으면 좋겠습니다, 서연

내 맘속 약속 서연

올해도 맘속에 둔 약속 못 지켰네요
내 사랑 서연에게 시 보다
돈이나 선물을 주고 싶었는데

당신은 그런 것을 좋아하지는 않아도
다른 사람들은 그리합니다

그래서 나도 함, 해 보려고 했는데
또 지나가네요
당신 참 좋은 사람입니다

알 수 있어요

멀리서도 자기야, 라고 하면
돌아보는 서연

당신이 내 소리를 알 듯

나도 당신 발소리만 들어도
당신 오는 소리를 알 수 있습니다

우리 각시 서연

우리 각시 종아리는
예나 지금이나 참 이쁩니다
어쩌다 다리 아프다 하면
살짝이 주물러 줄 때면
참 이쁘고 곱던 종아리가
나이 먹은 지금도 이뻐 보입니다

이백삼십오 미리 신발에
쏙 들어가는 발도 이쁘지요
이쁜 당신은 나이 먹어도
안 먹었을 때도 내게는 이쁩니다

늘 잡고 가던 손이 세월에게
손을 잡았는지 지금은 어쩌다
잡아주는 것이 좀 선운할 때도 있지만
그래도 내 옆에 붙어서
팔짱 끼워 주는 당신이 너무 좋습니다

내가 세월이 많이 지나도
당신 손발 어루만져 주리다
당신이란 사람에 대한
내 사랑은 지지 않으니
지금도 좋습니다, 서연

봄꽃

수많은 계절을 보내고
또다시 오는 봄의 언저리에서
당신을 그리워합니다

어제는 지났다고 하지만
봄이 때를 알고 오듯
내 맘속 당신의 봄은 그렇게 오고 있습니다

봄에 꽃이 피는 것이 아니라
꽃은 늘 피어있지만
아직 다 보지 못함이 아닐까 그려봅니다

생각만 하던 봄꽃은 바로
당신입니다

당신이 행복하면 좋겠습니다

내가 달리는 인생길에서
당신에 손을 잡았습니다
따뜻하고 감미로운 손끝에서
사랑이란 전율이 내게로 왔습니다

함께 숨 쉬고 있다는 것이 행복이었습니다
잡은 손 꼭 쥐고 가는 삶에서
나를 사랑하는 당신
아니 내가 더 사랑하고
보기만 해도 좋은 당신

내 당신이 행복하면 좋겠습니다
우리 손 잡고 가는 길에 굿은 날도
비가 오고 바람이 부는 날도
당신 손 내가 잡고 가겠습니다

난 당신을 사랑하니까요
오늘 비가 오는 길에서 먼 들판이
연녹색으로 된 것을 보았습니다
그 들판을 당신께도 보여주고
싶어 내 맘이 쿵쾅 거립니다

행복

내가 좋아하는 누군가와
같은 길을 가고 인생 여행을 하다가 한 장 사진으
로 추억을 남기려 할 때

그 사람이 내게 살짝 기대어
주고 내게 고개를 내밀어 내게 올 때
그런 모습마저도 오랜 행복으로 남았습니다

함께 가는 길 함께 가고 있는 길
동행의 행복은 그리 멀지 않았습니다

내가 손을 내밀면 내게 살짝이
올려주는 그것이 행복입니다
행복은 그렇게 오고 있습니다

수많은 사람을 만나고 스쳐지나도
그 속에 행복이 있음을 나는 몰랐습니다

내가 가진 것이 행복이 아니라
내가 느끼는 맘속 행복이
떠나지 않는 행복이었습니다

지금도 나는 네가 있고
그런 마음을 난 알기에 행복합니다

제4부

고물과 돈과 입춘과 하얀 눈

마음

마음은 가고 있는데
시간도 세월 이란 속에
가고 있는데
그대가 오지 말라 하니 어찌할까요?

어렵네,
내 것인 내 맘인데
내가 내 맘대로 못 하니
어렵기만 합니다

고물과 돈과 입춘과 하얀 눈

입춘날인 아침에 눈이 하나씩 춤을 춥니다
어제 내렸다면 겨울눈
오늘 내려서 춘설이 되었습니다

어제부터 화물차 위에 실어놓은
고물을 일찍이 팔러 갑니다
가는 길은 눈을 맞으면 갔는데

고물을 돈으로 바뀌어 다시
오는 길은 길바닥이 하얀 포장입니다

고물을 돈으로 바꾼 내 마음은 요동칩니다
미끄러질까 봐 조심 또 조심
차는 가벼워지고 빈 주머니는 채웠는데
달아날까 봐 마음이 조바심치며 집으로 갑니다

집에 가면 아직 자고 있을
집사람에게 이 돈을 주면
얼마나 좋아할까를 생각하니
얼굴에 미소가 피어납니다

난 마음을 다시 잡고 조심조심
그에게로 가고 있습니다
이것이 행복입니다

그대에게 가지 않는 법

내 맘은 가고 있습니다
내 마음은 그냥 나를 떠나
그대가 있는 그곳으로 가서
너의 맘속으로 파고 들어가려 한다

잡고 싶은데 잡으려 하는데
어느새 내 맘속으로 나와 너에게
가버린 내 맘을 어찌 못 가게 잡을 수 있을까

깊은 잠이라도 자면 잡을까
끈으로 돌돌 묶어 놓으면 잊을까
잡아도 잡으려 해도 그냥 나가 버리는
내 맘을 어찌할까요

나는 그대에게 가려고 하는데
저쪽 먼 곳을 보는 당신은 오지 말라 합니다
그 마음 알기에
내 맘 보듬어 보려 하지만 어렵습니다

난 가려고 하는데
넌 오지 말라 하고
난 거기까지만 가려고 하는데
너는 선을 넘지 말고 그 자리 있으라 합니다

어찌할까요?
그대는, 그대는 거기만 서 있자고 합니다
그대에게 가지 않는 법을 아직은 모르겠습니다

오늘은 돈 좀 벌자

날이 새로운 날이 밝았다
오늘은 돈 좀 돈 좀 벌자
아침 바람은 시원도 하고
춥기도 하지만
오늘은 돈 좀 벌자 벌어 보자

어제는 너 따라서 그냥 따라가 버렸다
빈손 빈 주머니 내 각시는
근심 또 걱정이란다
그 사람 손에 돈 좀 돈이란 걸 쥐여주고 싶은데
돈은 어디로 돈은 어디에 있는가?

내게로 와 내 각시 걱정 덜어줄 수 있게
오늘은 돈 좀 벌자 돈 돈을 벌어 보자
내 아픈 맘이 내 아픈 맘이 모자라지 않도록

내 각시에게 돈 좀 벌어 주자
돈 좀 벌어 주고 싶다

지금 피는 꽃

꽃이 피기를 기다리지 말고
꽃이 지지 않게 해라
꽃이 지는 것보다
꽃이 피는 것이 더 어렵다

꽃이 지기를 기다리지 마라
꽃은 피면 지기 마련이다

지금 내가 꽃을 보지 못하면
다음에 가면 지고 없을 것이다
꽃이 피는 것보다 지기를 기다리지 마라

지금 내가 잡은 것이 무엇인가

잡고 있는 손

우리가 잡은 손은 우리 손이다
난 너 손 잡고 넌 내 손 잡고
우리 그렇게 가자

사랑은 봇짐 싸서 맘속 깊이 넣어두고
손은 꺼내어 꼭 붙잡고 가자
우리 그렇게 가자

우리가 잡은 손 놓지 않으려 해도
그런 날이 우리에게 오더라도 끝까지 잡고 가자
나 너에게 그런 사람이고, 싶고
너도 나에게 그런 사람이면 좋겠네

간혹 가다가 힘들 땐 서로
다독이며 우리 그렇게 가자
지나 보면 어느 보석보다 더 좋은
보석이 되어 빛나고 멋져 보이지 않을까?

지금은 그 길이 멀어 보여도
지나 보면 넘 짧아 보일 거야
우리 그렇게 가자
우리가 친구처럼 가는 것이 아니라
친구니까 그렇게 가자

가다가 어느 한쪽이 마음이 변하여도
어느 한쪽은 그냥 놓지 않고
한 손은 비우고 다시 잡으러 올 때까지
기다리며 가자
그래도 괜찮지?

반팔 남방 몇 개

우리 집사람이 반팔 남방을 세트로 몇 개 샀다
시원하게 입으라고
근데 여름이 며칠 남지 않았다

남방을 여덟 개를 샀는데
일주일 내내 다른 걸 입어도 한 개가 남는다
여름 지나는 걸 날짜를 계산해 봐도
길어야 두 달 남짓 된다

그럼 한 개 당 두 번 입기가 쉽지 않다
마음이 급하다
하루 두 번 정도 갈아입어야
그나마 입어보지 않을까 싶다

우리는 그때는 필요해서 넉넉히 샀지만
어찌 보면 필요한 만큼이 더 좋을 때가 있다

밥을 한꺼번에 많이 먹는 것보다
조금씩 나눠 먹는 것이 좋듯이 말이다
사는 지혜는 경험이 스승이 될 수밖에 없다

돈 좀 많아 봤으면

집사람 폼나게 해 주고 싶은데
그리고 맛난 것도 사주고
이쁜 정원이 있는 집도 지어주고 싶은데

로또나 하나 맞았으면 좋겠네
쓸 곳이 많이 있으니
돈이 있으면 모임에 찬조도
팍팍하고 이웃 돕기도 쓸 텐데
아직은 돈이 없다

어느 날 문득 돈이 필요할 때가 있다
좋은 사람들 만났을 때 밥 한 끼
사고 싶기도 하고
어느 누군가 돈 때문에 정말
삶이 힘들 때 도움이 될 수도 있을 텐데

마음은 그러는데 돈이 없다
사실 돈이 있으면 딴짓하고 다닐지도 모른다
돈이 그리 만들기 때문에
에이 없는 것이 아직까지는 속이 편하고 좋네
그냥 오늘에 감사하며 살지 뭐

꿈을 꾼 어느 하루

밤새 하얀 눈이 수북이 쌓이는 꿈을 꾸며
헤매던 꿈속에서 아침을 봅니다

당신 지나간 발자국은
보이지 않고
한 여름밤을 아쉬워하듯
막바지 여름비인지
가을을 부르는 비인지
눈물처럼 추적추적 내리고 있네요

당신도 이 비를 보시나요?
당신은 태양을 가리려 하지 않고
몸을 맡긴 그런 당신이 그립습니다
지금도 꿈속인 듯, 합니다

빈 정류장

막차는 떠났습니다
끊어진 빈 정류장 한편에
빈 의자의 허무함이
내 마음과 같습니다

나에게 물어봅니다
버스는 아침이면 다시 오냐고
버스처럼 가버린 것이
마음은 아닐 테니까요

아침은 오지만 마음은 오늘과 같지는 않다고
또 내게 물어봅니다

지나간 버스도 좋았다고
지나간 마음도 고마웠다고
내 마음에게 말합니다

이거도 연습이 필요하나요?

우연히 만나고 사랑을 하는데
이거도 멀어지는 연습이 필요하나요

나 아직 사랑을 시작도 제대로
못했는데 당신은 연습을 하자 하십니다

내가 세상에 나올 때
연습하고 나온 것이 아닌데
당신은 연습을 하자 하시니
나는 어쩌란 말입니까?

시작과 끝을 함께 가자 하시니
진정 난 어쩌란 말인가요

오늘도 내 눈시울은
가을 붉나무 잎 보다
붉어지고 있습니다

이 세상이 어디로 간 답디까
연습하지 말고 서로 기대고
그냥 가십시다

반나절이면 가는 곳이 삶이 아니고
하루를 가는 것이 생이 아니듯

이런 거 연습 말고 님 마중 가듯
함께 가십시다

집에 오는 길

언제나처럼 이어폰을
귀에 꽂고 차에 앉아
시동을 걸고 출발합니다

내 옆자리 빈, 공간은 늘 비워있었지만
당신의 목소리와 맘은
늘 함께 머물곤 했습니다

집에 오는 이 시간
멀리 있는 당신을 생각합니다

나 당신이 보내준 사진 한 장
속에서 당신을 찾아
손을 내밀어 함께 나섭니다

오늘은 빨리 와 버렸습니다
왜일까요?

당신과 머문 시간이
당신과 머물던 그 자리가
오늘은 내게 너무 버거워
그냥 지나오고 말았기 때문입니다

나 당신 사랑해, 라고 말하고 싶습니다
나 당신 사랑하니까

멀리 있어도 당신은
내 맘속 깊이 함께 합니다
당신은 내 사랑이니까

거짓말

몸이 멀어지면
맘도 멀어진다
거짓말,

몸은 멀어도
맘은 더 가까워지더라

애틋함도 그리움도
맘을 이기지는 못 하네

맘이 알지 못함이
거짓말 일게다

이랬으면 좋겠네

내게 사랑이 너라면
스치는 사랑이 아니었음 좋겠네

계절 속에 묻혀
지나는 사랑이라면

보내고 오는 계절처럼
맘만은 변치 않는
사랑이었으면 좋겠네

잠시 쉬어가는 추억은
그리운 것처럼
오래 머무는 추억이었음 좋겠네

또 하나의 사랑을 담는다면
이랬으면 좋겠네

보내고 싶은 맘

여긴 비가 옵니다
언제나처럼 갈 곳이 정해져 있지는 않아도
눈을 뜨고 아침 문을 열어 봅니다

무엇을 할까요?
무엇을 보낼까요?

내 사랑하는 당신에게
내 맘은 비가 오는 날도
아침 안개 자욱한 날도
모두 담아 함께 하고 싶습니다

이것이 아직 싹트지 않은 사랑일까요?
당신 있는 그곳에도 비가 오나요?

아침을 보려 합니다
당신과 함께하는 시간 속에 아침을
아니 하루를 함께 걸어가는 동행을 연습합니다

나 아직 사랑은 서툰 초보이지만
내 맘은 숨기고 들키지 않으려
애를 써보지만

당신은 이미 내 맘속에 들어와 버렸습니다
사랑이 이런 거라면
지금 사랑을 하렵니다

너다 내 곁에는

내가 얻은 것은 너이고
내가 찾은 것도 너다

내가 행복한 것도 네가 있어
내가 행복하다

짧은 시간보다 많은 것을 얻고 행복을 채웠네

내 곁에 있어 줘서 감사하고
함께할 길동무가 되어 줘서 고맙네
이길 끝날 때까지 손잡고 가세

다 그러더라

내가 아무리 해도
안 되는 것이 있더라

아무리 내가 사랑해도
안 되는 것이 있더라

아무리 하고 싶어도
안 되는 것이 있더라

그것이 그렇더라
삶이란 그런 것이다

사랑은 시작해도 안 해도 어렵다

사랑은 시작하는 것도 좋지만
처음부터 시작하지 않는 것이 좋을 수도 있다
시작은 행복으로 하지만
나중은 그 행복이 깨질 수도
있는 것이 사랑이기 때문이다

좋은 것만 보고 갈 수만 없는 것이 사랑이더라
잊어야 할 때는 사랑했던 시간보다
더 많은 시간이 필요하기 때문이더라

시작해도 시작하지 않아도
사랑은 사랑하는 속에 담는 것이
더 행복한 마음속 사랑
일 수 있습니다

인생 가을

인생 가을 같은 사랑

해가 뜨면 하루는 시작이고
해가 가면 한 해가 저무는
서쪽이 가깝게 다가옵니다

내 인생에 가을을 달리고 있습니다
당신에 사랑 속에 하루가
즐거움 가득 채워지는
가을 같은 사랑이 당신 생각 속에 함께합니다

내 사랑은 지금도 가고 있습디다

멀어졌단다

수 날을 함께 지내는 것이
난 편하고 좋았다
문득 집사람이 내게 예전과 달라졌다고 한다

난 아무것도 달라진 게 없다고 하는데
요즘은 소홀해졌단다
뭐냐고 물으니
길 가다 넘어져도 예전에는
어디 다친 데 없냐며 물어보곤 하던 사람이
이젠 본체만체 한단다

난 예전엔 그랬다.
그런데 지금은 넘어지면 나도 모르게
화가 먼저 난다
넘어지기 전에 조심하라고 그렇게 말해도
안 되기 때문이고
더 화나는 것은 혹여 다쳤을까 봐서 더 화난다

그래서 모른 척하는 것인데
아내는 맘이 소홀해졌다고
서운 하단다

난 다친 곳 만져주는 것보다
다치지 않는 것을 알려 주고 싶은 것이다
안 다치고 안 아프고 해야
오래오래 함께 갈 수 있기에

나 당신 사랑하는 마음은
예나 지금이나 한결같이
한 곳만 보며 가고 있습니다
사랑합니다
내 사랑 당신, 서연

쉰셋 해의 사랑은

내 나이 쉰셋 해를 넘어가는
언저리에서 사랑을 알았습니다

서툰 사랑을 하기엔 마음이
더 바쁜 날들이 많았습니다

좋은 것만 가지려 하기도 하였고
좋은 모습만 보이려 하기도 하였지만

쉰셋의 나이에 사랑은
젊은 한때의 사랑보다
어렵다는 것을 어렵다는 것을
당신에게서 알았습니다

때로는 내 이야기도 들어주고
때로는 내 맘도 알아주기를 바라고 그것이
사랑인 줄 지난밤 알았습니다

이제 내 인생의 나이도 가을인데
청춘만 불렀습니다
가을 같은 사랑은, 사랑은

헤어짐의 사랑도 배워야 하고
사랑하지 않는 법도 배워야 되며
내 몸에 걸치려 하는 사랑은
더욱 하지 말아야 합니다

또 하루가 가고 또 하루가 왔습니다
사랑은 하는 것도
사랑은 하지 않는 것도
함께 가는 것을 배우는 쉰셋 해의 사랑을
넘기려 합니다

가을 같은 사랑은 이렇게
아픔을 안고 갑니다

내 나이 쉰셋의 가을은

백세 인생이라고 하는
중년에 가을은 어찌 올까
나도 모르게 심한 감기 몸살처럼
뜨거운 사랑도 할 수 있을까

아니면 꽃이 지듯 힘없는 가을이 올까
난 사랑을 보았다
사춘기 젊은 시절 꽃피는 사랑이 아니라
하루가 갈수록 더 그리운 사랑

내가 사랑을 한다면
영화 매디슨 카운티의 사랑처럼 하고 싶었습니다
이제 영화의 주인공을 내가 맡는
가을이 왔습니다

아침 눈을 뜨고 그대가 보고 싶고
저녁 졸린 눈 비비며 잠들 때도
그대와 함께하는 중년의 가을 하늘처럼
푸르디푸른 사랑
내 나이 쉰셋의 가을 사랑인가 봅니다

떠나려는 사랑

난 널 잡아두고 싶고
넌 나를 떠나 밖으로 나가고 싶어 하네

난 내 곁에 너를 두고 두려 하는데
넌 내 곁을 떠나려 합니다

떠나는 연습은 하지 않아도
때가 되면 떠나는 것이 인연인데
왜 잡고 있는 것을 놓으려 애를 쓰시나요

먼 산 바라보고 저 멀리
하늘 보며 한숨 내쉬어도
다 못하는 사랑인가 봅니다

차이

기온 차가 느껴집니다
자고 나면 아침인데
이른 새벽 손이 시리고
계곡물은 차가운 물이 되었습니다

한낮은 따뜻하지만 밤이 되면 추워집니다
내 사랑하는 마음의 온도가
다름이 왜일까요?

난 당신이 좋은데
아니 변함없는 온도이고 싶은데
차가운 날씨처럼
낮과 밤이 다릅니다

내가 인생길에 운전사다

생을 운전하고 가는 길에 한 사람을 태웠다
아니 함께 동행자를 만난 것이다
어느 날 티격태격이다
지루해서 그런가 보다

운전과 다른 이들을 인솔과 살아가는 것을
가르치기보다는
내 옆에 있는 사람을 잘 이끌어
가는 것이 얼마나 좋으랴

나는 남자로 내 옆의 어여쁜 내 여자를
잘 모시고 가면 되고
내 옆의 여자는 옆에 있는 남자를
잘 타이르며 데리고 가면
더 좋은데 우리는 그것을 못 한다

내 인생길 너의 인생길
우리는 동행하며 가는 운전사다

나의 명품

내 옆에 나의 천사여
산골짜기 흘러내리는
물소리도 잘 모르던 나의 님아

나 따라 몇 년 흐르다 보니
내 님도 이제 물소리 새소리
들꽃에도 귀 기울이는 내 님아

내 님 가만히 보니
다른 여자들은 명품 하나씩은 가지고 있는데

내 님 손 앤 약초 갱이 하나 뿐이구만
아니지 햇빛 가릴 모자에
하트 모양 장화도 있구려

어느 것이 더 명품일까?
내겐 당신이 이 세상 최고의 명품인데
나는 아직 당신께 모자람 뿐인 듯 하오

살아온 인생

어제는 바람이
봄바람이 불어주었지
내가 가는 인생길에
오늘이 덥고 내일이 춥고
언제 춥고 더웠던가
인생이 다 그런 것
아니던가

추운날도 더운날도
지나보면 다 내 것인 것을
오늘이 춥고 내일이 덥다고
하루하루를
원망 말아라
가다보면 다 그러는 이러라

꽃피고 새가 울고
눈보라 비바람 맞으며
늙어붉은 내 인생의 단풍이 들 때
저 지는 석양 석양을 바라보며
우리는 가고 있다
저 언 그 길을 따라
우리는 가고 있다

서청조

추억앨범

샘문시선 1063

신춘문예 샘문학상 수상 기념시집

산 넘어 내게로 온 내 사랑 서연

서현호 제3시집
발행일 _ 2025년 7월 18일
발행인 _ 이정록
발행처 _ 도서출판샘문
저 자 _ 서현호
감 수 _ 이정록
기 획 _ 박훈식
편집디자인 _ 신순옥, 한가을
인 쇄 _ 도서출판샘문
주 소 _ 서울특별시 중랑구 동일로 101길 56, 3층(면목동, 삼포빌딩)
전화번호 _ 02-491-0060 / 02-491-0096
팩스번호 _ 02-491-0040
이메일 _ rok9539@daum.net / saemteonews@naver.com
홈페이지 _ www.saemmoon.co.kr (사단법인 문학그룹샘문)
　　　　　www.saemmoonnews.co.kr (샘문뉴스)
출판사등록 _ 제2019-26호
사업자등록증 등록 _ 113-82-76122(사단법인 도서출판샘문)
　　　　　　　　　 677-82-00408(사단법인 문학그룹샘문)
　　　　　　　　　 104-82-66182(사단법인 샘문학)
　　　　　　　　　 501-82-70801(사단법인 샘문뉴스)
　　　　　　　　　 116-81-94326(주식회사 한국문학)
샘문사이버교육원 (온라인 원격)-교육부인가 공식교육기관 _ 제320193122호
샘문평생교육원 (오프라인)-교육부인가 공식교육기관 _ 제320203133호
샘문뉴스 등록번호 _ 서울, 아52256
ISBN _ 979-11-94817-22-2

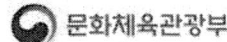　　

본 도서는 2025년 한국예술인복지재단(문화체육관광부)의
「문화예술지원사업」으로 선정되어 지원 받았습니다.

본 시집의 구성은 작가의 의도에 따랐습니다.
이 책의 저작권은 저자와 도서출판 샘문에 있습니다.
무단 전재 및 표절, 복제를 금합니다.

파손된 책은 구입처에서 교환해 드립니다.
본지는 한국간행물 윤리위원회 윤리강령 및 실천요강을 준수합니다.

문집 출간 안내

도서출판 샘문 에서는

베스트셀러 명품브랜드 〈샘문시선〉에서는 각종 시집, 시조집, 수필집, 동시집, 동화집, 소설집, 평론집, 칼럼집, 꽁트집, 수상록, 시화집, 도록, 이론서, 자서전 등 문집을 만들어 드립니다.

도서출판 샘문에서는 저자님의 소중한 작품집이 많은 독자님들에게 노출되고 검색되고 구매하여 읽히고 감상할수 있도록 그 전 과정을 기획, 교정, 교열, 퇴고, 윤문(첨삭,감수), 디자인, 편집, 인쇄, 제본, 서점 등록(납품,유통), 언론홍보, SNS홍보 등, 출판부터 발매 까지의 전략을 함께해 드립니다.

📖 출판정보

샘문시선은 도서출판비를 30% 인하 하였습니다. 국제원자재값 폭등으로 인하여 문집 원자재인 종이값 등이 3번에 걸쳐 43% 상승하였으나 이를 반영하지 않았습니다.

- 📣 저자가 필요한 수량만큼 드리고 나머지는 서점 유통
- 📣 시집 표지는 최고급으로 제작함 – 500부 이상
- 📣 제목은 저자 요청시 금박, 은박, 에폭시로도 제작함
- 📣 면지는 앞뒤 4장, 또는 칼라 첨지로 구성해드림
- 📣 본문은 100g 미색 최고급지 사용함(눈 보안용지, 탈색방지)
- 📣 본문 200페이지 이상은 80g 사용
- 📣 저서봉투 – 고급봉투 인쇄 무료 제공
- 📣 출간된 책 광고(본 협회 =〉 홈페이지, 샘문뉴스, 내외뉴스, 페이스북 13개그룹(독자& 회원 10만명), 카페 3개, 블로그 2개, 카톡단톡방 12개, 유튜브, 카카오스토리, 인스타그램, 문예지 4개, 문학신문 등)
- 📣 견적 ▷ 인세 계약서 작성 ▷ 기획 ▷ 감수 ▷ 편집 ▷ 재감수 ▷ 재편집 ▷ 인쇄 ▷ 제본 ▷ 택배 ▷ 서점 13개업체 납품 ▷ 저자에게 납품 ▷ 유통 ▷ 홍보 ▷ 판매 ▷ 인세지급
- 📣 출판기념회는 저자 요청시 본사 문화센터(대강의실) 무료 대여 가능(70명 수용가능) 현수막, 배너, 무대 조명, 마이크, 음향, 디지털 빔, 노트북, 줌시스템, 모니터, 컴퓨터, 석수, 커피, 차, 무료 제공
- 📣 저자 요청시 저자의 작품 전국대회에서 수상한 시낭송가가 낭송하여 유튜브 동영상 제작 =〉 출판기념식 및 시담 라이브 방송
- 📣 저자 요청시 네이버 생방송 출판기념회 가능(유튜브 연동) – 네이버 라이브 커머스쇼
- 📣 뒷 표지에 QR코드 삽입가능 – 저자의 작품 시낭송 유튜브 동영상 등(요청시)
- 📣 교정, 교열, 감수, 윤필(첨삭감수), 평설, 서문 등(유명한 시인, 수필가, 소설가, 문학평론가, 항시 대기)

문집 출간 안내

📖 빅뉴스

이정록 시인의 〈산책로에서 만난 사랑〉이 네이버 선정 베스트셀러로 선정 된 이후 〈내가 꽃을 사랑하는 이유〉, 〈양눈박이 울프〉, 〈꽃이 바람에게〉, 〈바람의 애인, 꽃〉시집이 연속 교보문고 베스트셀러에 선정 되고 5권 전부 출간 순서대로 골든존에 등극하였다. 평생 한 번도 어렵다는 자리를 이정록 시인은 5년 동안 5번을 오르고 현재도 이번 2022년 5월경에 출간된 [바람의 애인, 꽃] 영문판과 [담양장날]이 출간을 기다리고 있다

〈서창원 시인, 2회〉, 〈강성화 시인〉, 〈박동희 시인〉, 〈김영운 시인〉, 〈남미숙 시인〉, 〈최성학 시인〉, 〈이수달 시인〉, 〈김춘자 시인〉, 〈이종식 시인〉 외 한용운문학상 수상 시인인 〈서창원 수필가〉, 〈정세일 시인〉, 〈김현미 시인〉가 올랐고, 2022년 올 봄에는 〈정완식 소설가〉 『바람의 제국』 이 소설집으로는 최초로 『네이버 선정 베스트셀러』 반열에 올랐고, 〈이동춘 시인〉에 『춘녀의 마법』 시집이 『네이버 선정 베스트셀러』 반열에 올랐다. 그리고 컨버전스공동시선집과 한용운공동 시선집도 간간히 베스트셀러를 하고 있는 〈베스트셀러 명품브랜드〉 『샘문시선』 이다

〈샘문시선〉은 〈베스트셀러_명품브랜드〉로서 고객님들의 〈평생가치를 지향〉하는 〈프리미엄 브랜드〉입니다. 고객이신 문인 및 독자 여러분, 단체, 기관, 학교, 기업, 기타 고객분들을 〈평생고객〉으로 모시겠습니다. 많은 사랑 부탁드립니다

📖 샘문특전

📢 교보문고, 영풍문고, 인터파크, 알라딘, 예스24시, 11번가, Gs Shop, 쿠팡, 위메프, G마켓, 옥션, 하프클럽, 샘문쇼핑몰, 네이버 책, 네이버쇼핑몰, 네이버 샘문스토어 등 주요 오프라인 서점, 온라인 서점, 오픈마켓 서점에서 공급 및 유통하고 있습니다.

📢 기획, 교정, 편집, 디자인에 최고의 시인 및 작가, 편집가, 디자이너, 평론가, 리라이팅(첨삭 감수) 및 감수 전문가들이 참여하여 감성, 심상이 살아 있는 시집, 수필집, 소설집, 등 각종 도서를 만들어 드립니다.

📢 인쇄, 제본, 용지를 품질 좋은 우수한 것만 사용합니다.

📢 당 출판사 〈한용운공동시선집〉, 〈컨버전스공동시선집〉과 〈한국문학공동시선집〉, 〈샘문시선집〉을 자사 신문인 (샘문뉴스)와 제휴 신문인(내외신문), 글로벌뉴스와 홈페이지(2군데), 샘문쇼핑몰, 네이버 샘문스토어, 페이스북, 밴드, 카페, 블로그를 합쳐서 10만명의 회원들이 활동하는 SNS 20개 그룹·공개 지면 및 공개 공간을 통해 홍보해 드립니다.

📢 당 출판사를 통해 국립중앙도서관 및 국회도서관 및 전국 도서관에 납본하여 영구적으로 보존해 드립니다.

📢 당 문학그룹 연회비 납부 회원은 30만원 상당에 〈표지용 작품〉을 제공 받습니다.